LES
AMIS DU PEUPLE.

PAMPHLET

PAR CHARLES COLLEAU.

PARIS,

IMPRIMERIE DE MADAME VEUVE BOUCHARD-HUZARD,

RUE DE L'ÉPERON, 7.

1848

LES AMIS DU PEUPLE.

Il faudrait pourtant s'entendre sur la signification de cette expression, *ami du peuple*. Tout le monde veut être l'ami du peuple, et, comme il n'y a qu'une manière de le dire, il semble qu'il n'y ait qu'une manière de le comprendre, c'est là qu'est l'erreur.

Qu'un fou monte sur une borne et déclare la guerre à l'Europe, c'est de la part du peuple ; qu'un utopiste prétende imposer ses idées, c'est pour le bien du peuple ; qu'un ambitieux conspire, c'est encore pour le peuple ; qu'un misérable prononce la dissolution de la Chambre, c'est au nom du peuple.

Qu'est-ce donc que le peuple ? Ce n'est donc ni vous, ni moi ; qui alors ? Au dire de certains habits noirs, le peuple, c'est la blouse ou le bourgeron. Mais au moins, si c'est la seule classe ouvrière, quel sera le pouvoir qui méritera d'être appelé *l'ami du peuple ?* Sans doute celui qui assurera au moins du travail et du pain à l'ouvrier, qui lui ouvrira les voies du bien-être, et qui, dans tous les cas, garantira sa vieillesse de la misère.

Quel pouvoir, au contraire, sera l'ennemi du peuple, s'intitulât-il mille fois son ami ? Assurément celui qui, le trouvant pauvre, le fera misérable; qui, le trouvant libre, le fera esclave.

Or les gens qui veulent encore que le peuple soit tout le monde, qui croient que les intérêts de l'ouvrier et ceux de l'industriel et du commerçant sont liés solidairement, disent :

Cherchons dans l'ordre le salut de tous. L'ordre rétablit la confiance, la confiance remet l'argent en circulation, fait reprendre les travaux, ranime les transactions, donne la vie au commerce et à l'industrie, remet aux mains du travailleur l'instrument de son avenir.

Les propriétés mobilières ou immobilières ne sont que des valeurs fictives qui perdent ou gagnent en proportion de l'ordre qui règne; or c'est dans la richesse de tous que l'État puise la sienne. Donc l'État se ruine par le désordre.

L'État, pas plus que le simple particulier, n'a le secret de rien faire sans argent.

C'est avec de l'argent qu'on organisera par toute la France des ateliers nationaux, non pour faire concurrence à l'industrie privée, non pour servir d'asile à la paresse, mais pour faire en sorte que l'ouvrier soit toujours sûr de vivre en travaillant.

C'est avec de l'argent qu'on ouvrira des écoles, où l'instruction sera gratuite, pour que chacun puisse participer aux bienfaits de l'éducation, mais où l'instruction sera obligatoire, parce que la république, étendant à tous les droits politiques, doit exiger, en revanche, que tous se rendent capables de les exercer.

C'est avec de l'argent qu'on favorisera le petit commerce, la petite fabrique, par des banques nationales qui ne prélèveront pas tout d'abord le bénéfice que doit gagner le travail.

Ainsi s'organisera le bien-être.

Enfin c'est avec de l'argent que dans chaque département seront créés des asiles où l'ouvrier saura qu'il peut mettre sa vieillesse à l'abri de l'indigence.

Ainsi sera dissipée cette mortelle inquiétude qui pèse sur toute sa vie.

Puis seront sérieusement étudiées les causes qui ont fait péricliter notre commerce extérieur sous l'ancien gouvernement, que cela vienne ou de l'affaiblissement de notre marine, ou d'une fausse application de taxe, ou de toute autre cause. Car, pour que le développement du commerce et de l'industrie à l'intérieur ne soit pas, comme sous le gouvernement de juillet, un état factice, il faut que le commerce extérieur soit développé en raison directe ; la raison inverse est la ruine. Quand l'espace dans lequel fonctionnait une machine est devenu trop étroit, ou elle cesse de fonctionner, ou elle brise l'obstacle.

En même temps viendront les socialistes dont les idées pourront alors être discutées sans danger pour la république, et qui sont, à mes yeux, comme ces médecines guérissant tous les maux, qu'on voit de temps en temps apparaître, puis disparaître, laissant cependant à la science un tribut faible ou fort de leur passage.

Et quand la république, satisfaisant à toutes les exigences du moment, inaugurant tous les éléments de prospérité dans l'avenir, fonctionnera sous une constitution largement démocratique, quel enseignement ne sera-t-elle point pour les peuples de l'Allemagne et de l'Italie ?

L'ordre, la paix, voilà les armes les plus puissantes de la propagande républicaine.

Le mouvement révolutionnaire allemand s'est arrêté aux monarchies constitutionnelles. Qu'est-ce que cela, sinon un temps d'arrêt, un moment de halte pour juger de ce qui va se passer en France ?

Aussi bien il n'existe que deux gouvernements sérieusement possibles : le gouvernement absolu, le gouvernement républicain. Ou les hommes ne sont pas assez éclairés pour se gouverner eux-mêmes, et alors qu'ils soient gouvernés par un seul et prient Dieu de leur envoyer un bon prince, ou ils peuvent se gouverner et alors qu'ils gouvernent seuls; il y a toujours unité dans le gouvernement.

Le régime constitutionnel n'est qu'un bâtard de ces deux systèmes, une association monstrueuse et impossible de deux principes contraires, dont l'un veut toujours absorber l'autre. Le principe libéral tend naturellement à s'étendre; la monarchie ne peut, sans s'abdiquer, ne pas chercher à le contenir : de là ces tiraillements perpétuels dans lesquels s'usent l'énergie et le temps.

L'équilibre est la condition de l'existence et du maintien de ce système, son principe même le condamne à l'immobilité; la moindre réforme, le moindre acte politique peut détruire l'équilibre. Le régime constitutionnel n'est pas seulement bâtard, il est eunuque.

En Allemagne surtout, les rois ne peuvent manquer de fournir des prétextes à leur chute; on ne perd pas en une heure le bénéfice d'un trône absolu, qu'on tient de nombreux aïeux, dont on a joui pendant longtemps, sans employer tout ce qui vous est laissé de force en mains pour le reconquérir. Les causes de chute ne manqueront pas chez eux, il faut que les causes de maintien ne viennent pas de chez nous.

La France sagement républicaine, la France prospère chez elle, en paix avec l'Europe, rendra l'Allemagne républicaine, et l'on pourra s'écrier du haut de

la tribune française : « Il n'y a qu'une patrie au monde,
« la liberté. » Et la Pologne sera reconstituée ; l'alliance franco-allemande peut seule la reconstituer solidement, parce que la Russie ne sera pas tentée peut-être de lutter contre elle, ou le ferait sans fruit. Peut-être pourrait-on ajouter que la question du rétablissement de la Pologne ne perdrait rien à attendre, que le principe libéral y serait plus sérieusement appliqué dans quelques années, si ce n'était un crime, en voyant tant de proscrits, qui ont droit à toutes nos sympathies, de ne pas souhaiter que leur patrie leur soit bientôt rendue.

Voilà ce que disent les républicains qui croient que les exactions, les proscriptions ne sauvent pas un gouvernement, mais le perdent.

Les autres vous crient : Guerre aux riches ! décrétons un impôt d'un milliard sur eux, et déclarons la guerre à l'Europe !

C'est comme s'ils disaient en deux mots : décrétons la banqueroute et la ruine du principe libéral.

Décrétons un milliard d'impôt, c'est-à-dire, le capital se cachait, qu'il s'enfouisse ; on avait peur, qu'on tremble ; la confiance pouvait renaître, qu'elle disparaisse à jamais ; l'agriculture, l'industrie, le commerce espéraient leur salut aujourd'hui, leur prospérité plus tard de la république, que la république les anéantisse.

Mais qui nourrira, si les travaux ne reprennent jamais, cette masse d'ouvriers que le chômage seul fait déjà tant souffrir? — Les riches. — Les riches? Où seront les riches, quand on ne pourra payer les fermages, quand les propriétés n'auront plus de valeur? — N'importe, on décrétera des milliards, et, s'ils ne sont pas payés, on déclarera les riches traîtres à la patrie (Dieu sait où s'arrêtera la catégorie des riches); déjà l'abolition de la peine de mort n'est plus en rapport avec l'état des choses. — Et après? — On pillera. — Et après? — Il n'y aura que des misérables. — C'est de l'égalité bien entendue.

Imbéciles, qui ne voient pas que c'est la propriété seule qui a sauvé la France de la guerre civile. Les intérêts matériels n'ont pas d'opinion, et, quoi qu'en puissent dire certains ultra-démocrates, il faut les faire républicains, il faut les aider à se relever, quand on n'a pas la pierre philosophale pour se faire de l'argent, ou le secret de Jésus-Christ pour nourrir six mille personnes avec six poissons.

Ils déclarent la guerre à l'Europe!

Quand notre première république, souillée de sang, voulut faire de la propagande armée, les rois n'ont eu qu'à la montrer aux peuples et à dire : « Regardez, voici la république française ! » Et les peuples ont reculé d'horreur. C'est à ce mouvement en arrière que les Allemands doivent d'avoir vécu cinquante ans de trop sous le despotisme ; c'est à ce mouvement qu'ils doivent aujourd'hui leurs monarchies constitutionnelles. Mettez le pied en Allemagne, et les Allemands se rallieront autour du monarque, pour défendre la nationalité ; vous donnez tous pouvoirs à la réaction. Ne comptez pas sur des partisans, les peuples n'aiment pas à recevoir des mains des autres des libertés qu'ils peuvent conquérir eux-mêmes. Ils vous l'ont dit d'ailleurs. Mais faites les plus belles hypothèses, supposez que, seuls contre l'Europe, la valeur de nos soldats nous fasse triompher du nombre ; supposez que, pour soutenir cette guerre, il vous tombe de l'argent de je ne sais où ; supposez enfin que vous rétablissiez la Pologne, vous ne rétablirez qu'une Pologne incertaine, sans solidité, menacée qu'elle sera toujours par la Russie, sans avoir l'Allemagne pour la défendre, à moins que vous ne supposiez qu'il faille que la France consente à courir les chances d'une guerre perpétuelle pour la maintenir.

Après cela, si le nom d'ami du peuple peut se traduire par celui d'ami de la république, n'est-il pas vrai que ceux qui reculent devant les mesures violentes sont les vrais amis du peuple, tandis que les autres ne feraient jamais de la république qu'un passage ouvert à tous les prétendants, pour faire tour à tour l'expérience d'un trône constitutionnel ?

Il serait étrange que le peuple, qui a fait preuve de tant de bon sens depuis la révolution de février, se laissât encore abuser par ces gros mots : *la guerre, la Pologne, les riches,* etc.

Le peuple ne sait-il pas que les démocrates de la veille ne le sont pas tous du lendemain ? Ne sait-il pas encore qu'il y a pour lui beaucoup d'amitiés qui s'affichent bien haut, et qui commencent à la première marche du pouvoir pour finir à la dernière ?

Mais, peut-être, est-ce que je calomnie les ultra-démocrates, peut-être ont-ils des secrets Duclerc, qui doivent tout sauver. Si cela est, qu'ils le disent. Aujourd'hui les idées manquent, sinon les paroles, et la solution des problèmes urgents à résoudre serait la bienvenue. Jusqu'ici les grands moyens de ces grands politiques sont restés enfouis dans les profondeurs de leurs cerveaux ou dans les ténèbres des conspirations. Quel que soit le prestige qui s'attache à l'inconnu, je ne doute pas que les inventeurs de la meilleure organisation du travail, du meilleur gouvernement, s'ils consentaient à donner leur secret, n'auraient pas besoin, pour persuader, du poignard du conspirateur. Il suffit d'une plume et d'un peu de papier, et, s'ils sont avides du pouvoir, je ne sache pas qu'il existe un moyen plus infaillible et plus honnête d'y arriver. Hélas! il est plus facile de conspirer contre un gouvernement que d'en organiser un autre, et je me méfie d'hommes qui, n'ayant jamais donné de preuves bien convaincantes de leur génie, veulent qu'on y croie sur la simple garantie de leur parole. Quand il s'agit des destinées d'un pays tout entier, on est en droit d'exiger davantage.

Que faut-il pour que le pouvoir tombe en de telles mains? que faut-il pour qu'une minorité triomphe? Ce n'est pas quand cette minorité agit seule, mît-elle dans l'action toute la violence dont elle est capable; c'est quand cette minorité, qui veut renverser, est suivie d'une opposition, qui est devenue majorité dans le pays, et qui veut seulement modifier. Or sur la place publique il n'y a pas de moyens termes.

Et, pour que cette opposition se forme, que faut-il?

Que l'on tarde devant l'urgence;

Qu'on laisse s'aggraver la misère, s'accroître le désordre dans les finances;

Qu'on laisse à la politique de carrefour le temps de calomnier les meilleures intentions, comme celle du défrichement, par exemple;

Que les propositions soient renvoyées aux commissions, sans qu'on fixe un délai dans lequel elles devront être rapportées devant l'Assemblée;

Que les représentants ne soient pas les ouvriers les mieux rétribués parce que ce sont les plus rudes travailleurs, mais qu'ils ressemblent à des rentiers auxquels l'État fait 25 francs par jour;

Que le silence du comité du Luxembourg ressemble moins au silence de la méditation qu'au silence du sommeil;

Que les ministres ne présentent comme ressources extrêmes que des projets de projets;

Que le luxe scandaleux de certains gouvernants afflige les honnêtes gens;

Que le népotisme, que le favoritisme n'aient pas disparu avec la monarchie, qu'ils se soient faits républicains du lendemain;

Qu'on fasse enfin de telle sorte que ceux qu'on a appelés *anarchistes* deviennent les représentants d'une idée; que la *réaction*, qui n'a été qu'un nom inventé par *l'inaction*, devienne un fait.

Ah! si l'incapacité ou la faiblesse laisse tomber le pouvoir aux mains des fous, si la république doit succomber encore une fois, il ne faudra pas dire : « La « république est impossible; « il faudra dire encore : « Nul autre gouvernement n'est possible en France; » à moins que le peuple n'ait abdiqué, et alors oui, la république est impossible, mais en même temps l'influence de la France en Europe est à jamais perdue, le temps de la France est passé.

Mais quoi ! au moment où je cesse d'écrire, le nom de Napoléon vient tomber comme une bombe incendiaire au milieu des embarras inextricables du moment. Le ridicule de deux échauffourées impuissantes semblait avoir condamné à jamais cet héritier d'un nom sous lequel les successeurs devraient plier; et voilà que l'ignorance, qui s'attache au nom et point à la chose, voilà que l'insuffisance du conseil exécutif, érigent à la hauteur d'un danger un homme qui certes ne méritait pas cet honneur.